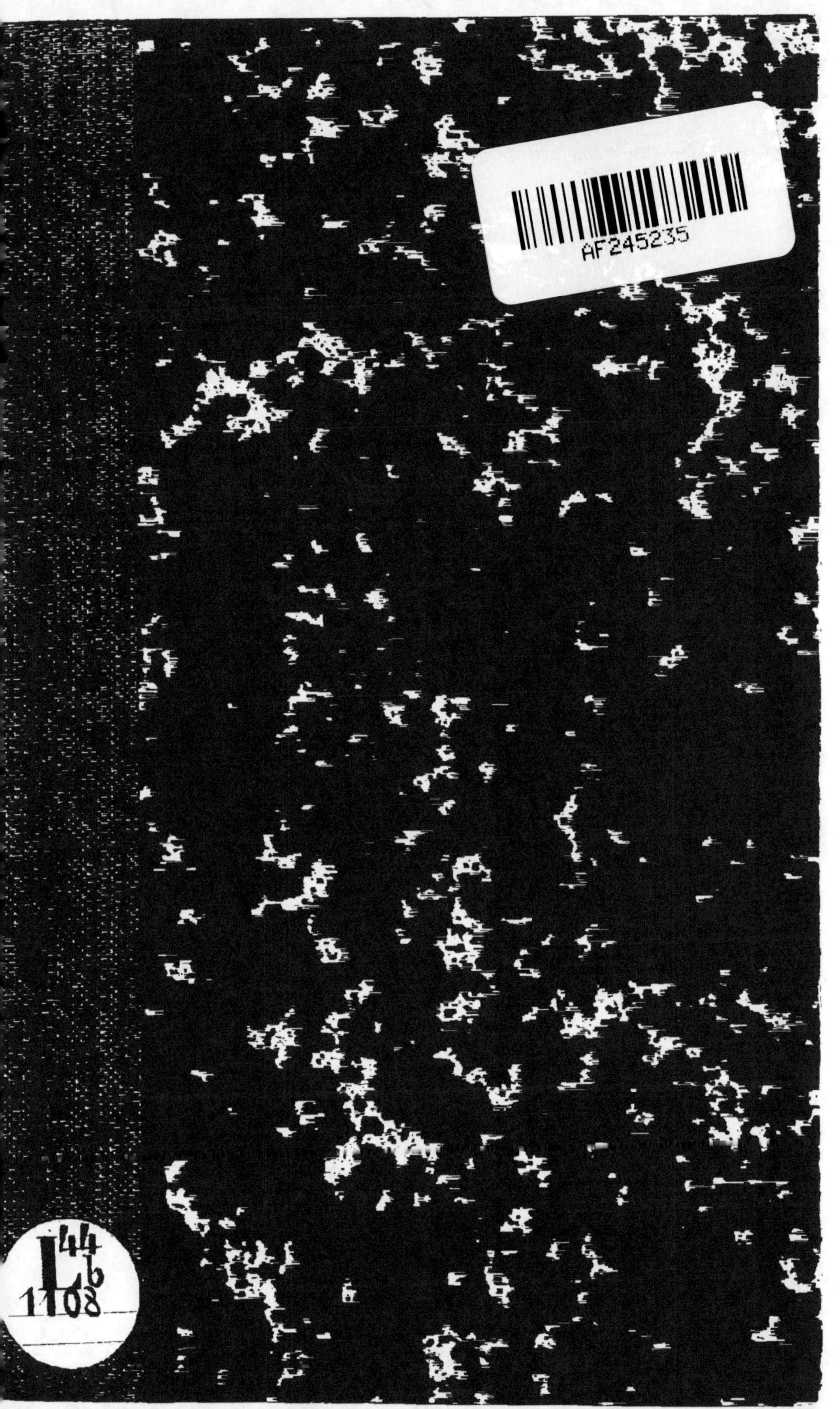

ESSAI

SUR

LES MOYENS DE FORCER LES ANGLAIS

A LEVER IMMÉDIATEMENT

LE BLOCUS

DES COTES FRANÇAISES.

ESSAI

SUR

LES MOYENS DE FORCER LES ANGLAIS

à lever immédiatement

LE BLOCUS

DES COTES FRANÇAISES.

Par M.ʳ de M........

(Monstrat amor verus patriæ)......

VIRG. Æneid. lib. XI.

A PARIS,

Chez DEBRAY, Libraire, Rue S.ᵗ-Honoré,
N.º 168.

1809.

CHAPITRE PREMIER.

Sur la nécessité de lever en France et d'exercer, en tout tems, un Corps de cinquante mille Soldats de Marine, destiné au service de l'Artillerie, de la Mousquetterie, de l'Abordage et des Manœuvres basses sur les Vaisseaux de guerre.

C'est à l'époque de la guerre d'Amérique et dans les combats de mer auxquels elle donna lieu, que l'on reconnut, plus particulièrement, l'avantage d'employer des soldats sur les vaisseaux de guerre ; les troupes embarquées rendirent alors de si éminens services, que, sans elles, il eût été impossible, non-seulement d'équiper un aussi grand nombre de vaisseaux, mais de soutenir la lutte avec autant de succès, contre un ennemi plus expérimenté, soit dans les engagemens particuliers, soit en escadre.

Il faut rendre justice au matelot ; ses qualités sont extrêmement recommandables : il est surtout distingué par la nature de son courage, par sa patience héroïque au sein des privations de tout genre, par la résignation avec laquelle il supporte un service dont les divers accidens d'une longue campagne peuvent seuls présenter les dangers renaissans et les difficultés presque surhumaines. Pour achever son éloge, il suffirait de peindre l'étonnement dont les plus braves sont saisis, témoins de son audace au fort de la tempête, sans qu'il ait pour stimulans, les premiers mobiles du cœur humain,..... l'amour de la gloire et la soif des honneurs! *laudûm immensa cupido!*

En retraçant le caractère et les habitudes d'une classe d'hommes privée d'instruction, l'on a bientôt rencontré le côté faible, et le tribut que l'humanité doit acquitter est peut-être d'autant plus exigible que l'homme a dévié davantage de la route indiquée par la nature.

Le matelot, cet homme de mer, d'un service si parfait en ce qui concerne l'élément auquel il se voue; ce matelot, plus qu'un homme en certains momens, a ses instans de faiblesse; et s'il nous était permis d'établir une comparaison entre cette classe intéressante et si utile, et celle des soldats de ligne, nous dirions que les premiers, distingués par un courage passif au-dessus duquel on ne saurait s'élever, sont exclusivement propres à la conduite, à la haute manœuvre du vaisseau, tandis que la force d'ame des autres, leur imperturbable sérénité, leur mépris de la mort et l'ardeur soutenue qui les caractérise, font d'eux les véritables instrumens des combats, (même sur mer), et la force essentiellement active en tout ce qui a rapport aux moyens directs d'attaque ou de défense.

A proprement parler, le matelot n'est point

homme de guerre, suivant l'idée qui s'attache à cette expression ; ses mains nues , son corps dégagé d'armure , le privent de la faculté d'assaillir son ennemi et de se mettre en garde contre ses coups. Son état ne le porte point aux idées de destruction ; le danger qu'il court habituellement, il est censé ne songer qu'à l'éviter, ne le supporter que parce qu'il ne peut faire mieux, et que ses premiers intérêts, ceux de son existence, s'y trouvent inséparablement liés.

Tout ce qu'on est en droit d'exiger du matelot, c'est ce courage passif, à l'aide duquel, guide secondaire, il exécute la manœuvre du vaisseau, sous le fer de l'artillerie comme sous le feu du Ciel.

Les précautions, la prudence excessive qu'entraîne le service de mer, l'esprit de superstition qui domine doublement le matelot, par l'influence des préjugés populaires et par un genre de vie où s'attache cette variété d'accidens auxquels il est sans cesse exposé ; l'alternative d'un état multiforme où les idées de lucre secrètement dominantes ne cèdent qu'à regret et momentanément à l'obligation d'un service de guerre ; toutes ces causes réunies implantent dans son ame un germe de timidité trop facile à découvrir dans les crises qu'amène infailliblement une longue navigation. Ceux qui n'ont point encore observé le caractère du matelot, sont surpris de le voir alors priant et agenouillé, lorsqu'il serait urgent d'agir, lorsque le vrai courage et l'activité intelligente peuvent seuls préserver d'un péril imminent.

Le soldat est essentiellement homme de guerre : son corps bardé de fer, ses armes offensives lui rappellent sans cesse la destinée qui l'attend. En face de l'ennemi, le point d'honneur, les sons guerriers, l'airain tonnant, le grand coup d'œil des batailles, tout exalte son énergie : impatient de combattre, il ne connaît que succès ou défaite, prompte mort ou chants de victoire.

> . . . . : . *Quid enim? concurritur : horá,*
> *Momento, aut cita mors venit, aut victoria læta!*
>
> H o r a t.

Il est indispensable qu'il y ait sur les vaisseaux de guerre des hommes uniquement réservés à la manœuvre du bâtiment, et des hommes destinés à combattre. Dans toute condition, celui qui ne s'attache qu'à une seule partie doit nécessairement y réussir mieux que s'il partageait son tems et ses moyens entre des occupations diverses. Si l'on met à bord d'un vaisseau assez de matelots pour qu'une moitié fasse la manœuvre tandis que l'autre sera chargée de combattre, il ne faut pas une grande expérience pour se convaincre que ces hommes, soldats du moment (toutes choses d'ailleurs égales), seront immanquablement défaits par ceux dont les armes sont l'unique métier; par ceux qui, d'esprit et de corps, préparés à combattre, inaccessibles à la crainte d'un résultat quelconque, présenteront fièrement à l'ennemi une trempe supérieure, des corps plus exercés, des bras plus vigoureux.

Qui mieux que le soldat remplira ces conditions? Mais il doit, au préalable, avoir fait l'apprentissage du service de mer ; il est nécessaire qu'il s'y adonne entièrement. Une fois dressé, l'on trouvera de l'avantage à lui confier, conjointement avec les Artilleurs de la Marine, la défense et l'attaque dans les combats de mer; établissant ainsi une différence réelle autant qu'utile, entre l'homme du vaisseau et l'homme armé, le combattant, le soldat de marine.

Le matelot sera dans l'action, ce qu'est le soldat dans la manœuvre, auxiliaire et non principal. Il est évident que ce dernier, de son côté, serait totalement impropre à l'exécution des manœuvres hautes et de divers autres services qui exigent des matelots faits et dressés dès l'enfance. Dans l'esquisse, d'après nature, des traits qui distinguent ces deux caractères, l'avantage qui existe d'un côté, à quelques égards, peut se trouver compensé, d'autre part, en certains points. Bien loin que l'on ait eu pour but de déprécier une classe éminemment utile et valeureuse, nous ajouterons que manœuvrer de sang-froid sous le feu de l'artillerie, sans y répondre, exige le plus grand effort sur soi-même, et qu'à remplir ce devoir, il n'y a pas moins de mérite, qu'à se lancer dans la mêlée, parmi le fracas des armes, usant de force et d'adresse pour porter à l'ennemi le coup mortel, ou lui vendre chèrement sa vie, le fer à la main.

Supposons, pour un moment, que les marins fussent, à bord des vaisseaux de guerre, aussi exercés au combat que l'homme habituellement armé ; leur classe, trop affaiblie, est en même tems trop précieuse pour que ce ne fût l'avantage du Gouvernement d'adopter un système, qui, mettant en réserve un grand nombre de ces hommes si difficiles à former, ou suppléant à leur nombre infiniment diminué, lui donnât la facilité de les remplacer en ce qui pourrait être exécuté par des troupes qu'une seule campagne mettrait parfaitement en état de répondre au service exigé d'elles.

Si cette assertion avait besoin de preuves, combien n'en pourrions-nous pas citer, indépendamment du brillant combat où les soldats français du 53.e régiment, formant la garnison de la corvette la *Bayonnaise*, abordèrent la frégate anglaise l'*Embuscade*, et s'en rendirent maîtres, le 24 prairial an 7 ! (juin 1799).

Quant au service de l'artillerie, le corps auquel il est confié, s'est, de tout tems, distingué par le dévouement, la bravoure et les talens ; mais en beaucoup trop petit nombre sur les vaisseaux de guerre, les canonniers de la Marine sont si puissamment aidés par les soldats embarqués, que, pour le service des plus fortes pièces qui exigent douze à quinze hommes, il suffirait, à la rigueur, de deux artilleurs ou trois au plus, dont le chef de pièce, le chargeur et le boute-feu ; les hommes de troupe faisant parfaitement le reste du service, et pouvant, au besoin, remplacer le chargeur, comme nous l'avons vu fréquemment.

Ce n'est point assez de reconnaître qu'il est avantageux d'employer des troupes sur les vaisseaux de guerre ; on perdrait tout le fruit de cette mesure, si, d'après le systême aveuglément suivi pendant la guerre d'Amérique, on devait, après avoir formé des hommes et leur avoir fait faire deux ou trois campagnes aux Antilles, dans l'Inde, dans les mers du Nord et autres parages où nos forces navales peuvent être appellées, on devait, disons-nous, s'en priver ensuite, et renonçant aux services qu'ils seraient désormais si propres à rendre sur mer, les renvoyer au fond des terres, pour être remplacés par des soldats neufs, tout-à-fait inhabiles, et dont l'inexpérience doit, long-tems encore, entraver la manœuvre, avant qu'ils aient acquis, à l'égal de leurs prédécesseurs, cette habitude de la mer dont on allait tirer le plus grand parti.

Le bien du service exige donc indispensablement que l'on forme un corps de soldats de marine exclusivement destiné au service des vaisseaux

de guerre, ou à terre, dans les expéditions maritimes seulement.

S'il ne s'agit que du nombre à déterminer, il
est facile de voir, par l'étendue des ressources
de la France, par l'apperçu de la force maritime
qu'elle a droit de prétendre, que ce nombre ne
peut être au-dessous de cinquante mille hommes.

Nous supposons que la France aura un jour
cent vaisseaux de ligne, armés à-la-fois, autant
de frégates, et deux cents corvettes, cutters,
lougres, bricks, avisos et autres petits bâtimens
de guerre :

Sur les cent vaisseaux de ligne, comptons-en
    quinze à trois ponts, avec garnison de 400
    hommes, ci . . . . 6000 hommes.
85 de ligne, à raison de 200 hom. ci. 17000 *id.*
Supplément pour 20 vaisseaux de
    80 canons, ci . . . . 1000 *id.*
Cent frégates, à 100 hommes, ci. 10000 *id.*
Deux cents petits bâtimens, à 30
    hommes (terme moyen), ci... 6000 *id.*

          TOTAL . . . . 40000 hommes,
censés embarqués à-la-fois. Restent dix mille
hommes de réserve, pour relever successivement
les détachemens de retour, faire le service des
ports, etc.

Supposant cette force levée, nous procéderons
aux moyens de l'exercer immédiatement, afin

qu'elle se trouve toute formée pour le service qui lui est propre, lorsqu'elle aura dégagé la côte française, assuré le cabotage et la pêche, et, glorieusement contribué à conquérir l'indépendance des mers.

CHAPITRE II.

Exposé des moyens proposés. Division du littoral de la Manche et de l'Océan. Répartition des chaloupes canonnières, des Péniches et des Soldats de marine dans les Chef-lieux, dans les stations ordinaires et dans les Ports d'armement.

Pour venir au but important que l'on vient d'annoncer, sans occasionner de trop grandes dépenses au Gouvernement, nous proposerons d'employer à l'exécution immédiate du projet ci-après développé, cinq cents chaloupes canonnières et cinq cents péniches, prises, en grande partie, sur l'immense quantité de celles en stagnation dans le port de *Boulogne*. Ce qui restera de bâtimens armés à vue des côtes d'Angleterre, devant suffire pour inquiéter fortement l'ennemi, le tenir sur le qui-vive, et l'obliger à stationner constamment sur ce point, une forte escadre d'observation contre toute entreprise de descente.

Soit que l'on doive un jour exécuter cette grande et indispensable mesure, cette condition, *sinè quâ non*, d'une prompte paix maritime, avec garantie, ou se borner à fatiguer l'ennemi par les craintes fondées d'un armement colossal qui menace de si près ses rivages, les 500 canonnières et 500 péniches que nous tirerons de l'ensemble des ports, principalement de *Boulogne*, seront réparties et employées de manière que, non-seulement elles devront exécuter immédiatement un service de première utilité, mais, à portée de seconder la descente que l'on aurait effectuée du *Pas-de-Calais*, la partie d'entr'elles, stationnée dans les ports de la Manche, suffira pour opérer un débarquement de trente mille hommes; et cette seule armée serait au moins égale à tout ce que les Anglais pourraient rassembler, sur un point, en force *effective*, comme nous l'avons précédemment dit et prouvé dans un projet de descente présenté, en 1801, à Son Excellence le Maréchal *Berthier*, Ministre de la guerre.

Ce débarquement éprouverait d'autant moins d'obstacles, que, devant, selon toute apparence, être tenté dans les longues nuits d'hiver, cette saison ne permet point de bloquer les ports de la Manche et surtout *Cherbourg*. Nous citerons à l'appui, l'extrait suivant du papier ministériel anglais, *The Sun*, en date du 23 novembre 1808 :

« Trois fortes frégates sont sorties de Cherbourg, samedi » dernier; nos frégates, les avaient surveillées pendant plu- » sieurs mois ; mais il est absolument impossible de bloquer » Cherbourg, ou tout autre port de la Manche, pendant » les mois d'hiver ».

Pour espérer quelque succès, en méditant le

système offensif et défensif d'un Empire aussi puissant, aussi fertile en ressources que la France, il faut, sans nuire à l'esprit d'ordre essentiel à retenir, accoutumer ses regards aux vastes proportions d'une large échelle.

L'Empire français existerait-il avec tant de splendeur, eût-il même jamais été formé, si l'on n'eût osé concevoir, à tems utile, des moyens proportionnés à sa force et aux attaques de l'Europe coalisée? si quatorze armées de cent mille combattans, levées, formées, aguerries dans la même année, n'eussent élevé le rempart de fer où devait expirer la haîne des Nations? Comme on voit, dans les mers du Nord, les vagues en furie assaillir en bouillonnant le rocher primitif que la nature a fixé pour limite : en vain le Pôle unit à leurs efforts, ses masses glacées; l'horison retentit au loin de leur choc successif : si le calme survient, le vainqueur reparaît immobile sur sa base, où les débris qu'il a formés trouvent encore un appui qui les attache à sa défense.

Mille bâtimens armés, canonnières et péniches, cinquante mille hommes pour les monter, quinze cents pièces de canon pour les défendre, composent une force imposante sans doute; mais, outre qu'elle est en rapport avec l'importance de son but, le calcul démontre que la dépense qu'elle occasionne, n'est point au-dessus des frais qu'entraîne une escadre de vingt-cinq vaisseaux de ligne.

La France en compta plusieurs de cette force, à une époque où sa domination n'avait point, à beaucoup près, les formes colossales qui la distinguent aujourd'hui. Quoiqu'il en soit, les services que peut rendre une telle escadre, ne sont point à comparer, dans ce moment, à l'utilité immédiate de plusieurs flotilles armées, embrassant le littoral de l'Empire que leurs mouvemens combinés avec sagesse, dégageront enfin de ce blocus que l'honneur national ordonne de dissoudre par tous les moyens au pouvoir du peuple français.

Quelque forte que soit une escadre, un seul jour peut voir sa destruction totale par des évènemens de diverse nature ; mais la force que nous proposons d'armer, à l'abri de ce grave et ruineux inconvénient, n'est exposée qu'à de faibles pertes partielles, facilement et promptement réparées ; elle ne pourra même les éprouver, sans que l'ennemi n'ait souffert de plus grands dommages encore.

Il s'agit d'opérer un grand mouvement, continuel, successif et simultané sur toute l'étendue des côtes de l'Empire français ; mouvement basé sur la direction des vents généralement dominans dans nos climats, et combiné de manière que leur variation, quelle qu'elle soit, ne puisse le paraliser, ni suspendre ses résultats.

Ce mouvement exige que les forces destinées à l'exécuter, soient réparties, d'après un certain mode, dans la presque totalité des ports situés immédiatement sur la côte française.

On négligera, pour le moment, de traiter en détail ce qui concerne la Méditerranée. Quoique l'éloignement de l'ennemi le mette dans l'impossibilité de se tenir assiduement en croisière dans ces parages, et de bloquer les ports qui s'y trouvent, il sera néanmoins convenable d'y asseoir le système de défense qui sera proposé ci-après, pour les côtes de la Manche et de l'Océan.

Celles-ci seront formées en divisions maritimes, comme suit:

DIVISION *du Littoral, de la Manche et de l'Océan.*

Six divisions maritimes comprendront toute l'étendue des côtes, depuis *Flessingue* jusqu'à *Bayonne*.

PREMIÈRE DIVISION.

COTE BELGIQUE.

De *Flessingue* à *Boulogne*;

Port central, DUNKERQUE.

DEUXIÈME DIVISION.

COTES DU NORD.

De *Boulogne* au *Hâvre*;

Port central, DIEPPE.

T R O I S I È M E   D I V I S I O N.
MANCHE ORIENTALE.

Du *Hâvre* à *Cherbourg;*

Port central, ISIGNY.

Q U A T R I È M E   D I V I S I O N.
MANCHE OCCIDENTALE.

De *Cherbourg* à *Brest;*

Port central, *Saint-Malo.*

C I N Q U I È M E   D I V I S I O N.
OCÉAN SEPTENTRIONAL.

De *Brest* à *la Rochelle;*

Port central, LORIENT.

S I X I È M E   D I V I S I O N.
OCÉAN MÉRIDIONAL.

De *la Rochelle* à *Bayonne;*

Port central, ROYAN.

Les Ports situés immédiatement sur les côtes, seront distingués en Ports de première classe, ou Chef-Lieux de Division, et Ports de seconde classe, ou Stations ordinaires.

On exceptera conséquemment, *Anvers, Nantes,*

Rochefort, Bordeaux et autres qui sont dans l'intérieur des terres, et, par cela même, dans l'impossibilité de concourir directement au but que l'on se propose.

Les Ports de première classe (non compris ceux de la Méditerranée) sont au nombre de six, savoir :

Flessingue, Boulogne, le Hávre, Cherbourg , Brest, la Rochelle.

Les Stations ordinaires, au nombre de trente-trois, sont :

Ostende; Dunkerque; Calais. --- Etaples; le Crotoy; Dieppe; Saint-Vallery; Fécamp. --- Sallenelle; Isigny; la Hougue; Barfleur. --- Herqueville; Saint-Germain; Granville; Saint-Malo; Saint-Brieux; Tréguier; Saint-Pol-de-Léon; l'anse du Brouennon; le Conquest. --- Camaret; Audierne; Concarneau; Lorient; Quiberon; Croisic; Pornic; Saint-Gilles; les Sables. --- Royan; la Teste de Buch; Bayonne.

La répartition aura lieu comme suit:

RÉPARTITION

Des Chaloupes canonnières, des Péniches et des Soldats de Marine dans les Chef-Lieux, dans les Stations ordinaires et dans les Ports d'armement.

DIVISIONS.	CHEF-LIEUX	STATIONS ORDINAIRES.	CHALOUPES CANONNIÈRES.	PÉNICHES.	SOLDATS DE MARINE
I.re DIVISION. COTE BELGIQUE. De *Flessingue* à *Boulogne*.	Flessingue.	. . . . .	50	50	3750
		Ostende. .	6	6	450
		Dunkerque.	6	6	450
		Calais. . .	6	6	450
II.e DIVISION COTES DU NORD. De *Boulogne* au *Hâvre*.	Boulogne.	. . . . .	50	50	4250
		Etaples.	6	6	450
		Le Crotoy.	6	6	450
		Dieppe.	6	6	450
		S.t-Vallery	6	6	450
		Fécamp.	6	6	450
III.e DIVISION MANCHE ORIENTALE. Du *Hâvre* à *Cherbourg*.	Le Hâvre.	. . . . .	50	50	3750
		Sallenelles.	6	6	450
		Isigny.	6	6	450
		La Hougue	6	6	450
		Barfleur.	6	6	450

DIVISIONS.	CHEF-LIEUX	STATIONS ORDINAIRES.	CHALOUPES CANONNIÈRES.	PÉNICHES.	SOLDATS DE MARINE.
IV.e DIVISION. MANCHE OCCIDENTALE. De *Cherbourg* à *Brest*.	*Cherbourg*.	. . . . .	50	50	3750
		Herqueville.	6	6	450
		S.t-Germain	6	6	450
		Granville.	6	6	450
		Saint-Malo	6	6	450
		S.t-Brieux.	6	6	450
		Tréguier.	6	6	450
		S.t-Pol-de-Léon.	6	6	450
		L'anse du Brouennon	6	6	450
		Le Conquest	6	6	450
V.e DIVISION. OCÉAN SEPTENTRIONAL. De *Brest* à *la Rochelle*.	*Brest*.	. . . . .	50	50	3750
		Camaret.	6	6	450
		Audierne.	6	6	450
		Concarneau	6	6	450
		Lorient.	6	6	460
		Quibéron	6	6	450
		Croisic.	6	6	450
		Pornic.	6	6	450
		Saint-Gilles	6	6	450
		Les Sables.	6	6	450

DIVISIONS.	CHEF-LIEUX	STATIONS ORDINAIRES.	CHALOUPES CANONNIÈRES.	PÉNICHES.	SOLDATS DE MARINE.
VI. Division. OCÉAN MÉRIDIONAL. De *la Rochelle* à *Bayonne.*	*la Rochelle.*	. . . . .	5o	5o	375o
		Royan.	8	8	6oo
		La Teste-de-Buch	6	6	45o
		Bayonne.	6	6	45o

RÉCAPITULATION.

DIVISIONS.	CHEF-LIEUX	STATIONS ORDINAIRES.	CHALOUPES CANONNIÈRES.	PÉNICHES.	SOLDATS DE MARINE.
6	6	33	5oo	5oo	38ooo

Il y aura douze bataillons de dépôt d'armement, destinés au service des escadres impériales et des vaisseaux de guerre détachés isolément. Ces bataillons seront composés des soldats de marine notés pour être les mieux dressés. On tirera pareillement de ces bataillons, le complément des troupes nécessaires au service des flotilles de canonnières, en remplacement momentané des hommes manquans ou hors d'état de s'embarquer.

Ces douze bataillons, formant 12 mille hommes, répartis comme suit :

Anvers	1000 hommes.
Le Hâvre	500
Cherbourg	1000
Brest	3000
Lorient.	500
Rochefort.	2500
Toulon	2500
Génes.	500
Spezzia	500

TOTAL des soldats de marine, ci. 50000 hommes.

Quoique ces cinquante mille soldats de marine soient, presque en totalité, nécessaires au service des flotilles pendant la guerre maritime actuelle, on voit néanmoins, que si les circonstances exigent l'armement d'une ou plusieurs escadres, le Gouvernement aura l'avantage de trouver, parmi les troupes servant à bord des canonnières et des péniches, des hommes d'élite dressés à la mer, en nombre suffisant, et au fait du service de l'artillerie, de la mousquetterie, des manœuvres basses, etc.

Ces hommes étant remplacés dans leurs corps respectifs par les jeunes gens de nouvelle levée, les troupes en activité pour l'armement des flotilles se trouveront continuellement au complet.

L'effet de cette dénomination de bataillons d'é-
lite, serait de produire, parmi les autres de la
même arme, l'émulation la plus favorable au bien
du service : ce seul avantage deviendrait un sti-
mulant actif et toujours présent à l'esprit des
soldats, soit qu'ils fissent partie de ces corps, ou
qu'ils aspirassent à l'honneur d'y être admis; nul
doute que ces derniers ne fussent beaucoup plutôt
dressés, et que la crainte d'être rivalisés dans la
pratique de la mer ou dans la connaissance de la
manœuvre des vaisseaux, ne les portât à l'unique
moyen d'arriver à leur but, en se surpassant
entr'eux par des traits de bravoure dans les combats
livrés par les flotilles.

CHAPITRE TROISIÈME.

Service des canonnières et des péniches ; Service particulier des péniches. Marche à suivre pendant les vents variables. Manière dont les bâtimens armés exécuteront le mouvement dans la sixième Division.

LE service des canonnières et des Péniches est établi et ordonné d'après la direction constante des vents d'Ouest et de Sud-Ouest, dans nos climats, pendant plus des trois quarts de l'année, particulièrement sur les côtes occidentales ; il sera exécuté comme suit :

Les canonnières étant réparties au nombre de cinquante dans les Chef-Lieux de Division, de six dans chaque Station ; et les péniches également au nombre de six dans les Stations, et de cinquante dans chacun des Chef-lieux, le mouvement devant se faire du Sud au Nord, dans l'Océan, et de l'Ouest à l'Est, dans la Manche, il partira tous les jours (à quatre heures du matin, en été, à à sept heures, en hiver), de chaque Station et des Chef-lieux de Division, deux canonnières montées chacune par cinquante soldats de marine, outre les matelots, pilote, et patron d'équipage ; elles seront accompagnées de deux péniches, ayant chacune vingt-cinq soldats et les marins nécessaires. Elles parcourront, dans le jour, l'espace qui les séparera de la Station la plus voisine au Nord, dans l'Océan, à l'Est, dans la Manche. S'il n'y a point de bâtimens à escorter, elles mettront en panne vers Midi, ou courront diverses bordées à deux ou trois lieues des côtes, plus ou moins de tems, d'après la course à faire pour être rendues avant la fin du jour au lieu de leur destination.

Tous les ports de quelque importance, depuis la *Gironde* jusqu'à *Flessingue*, se trouvant placés à peu près à la distance de dix, quinze ou vingt lieues les uns des autres (distances par mer), les vaisseaux peuvent non-seulement parcourir dans un jour l'espace qui sépare chacun de ces ports de celui qui en est le plus voisin, mais, à raison des bassins formés par le gissement des côtes, dans une très-grande partie de leur étendue, ils se rendraient facilement en vingt-quatre heures, avec le vent favorable, d'un Chef-Lieu de Division au Chef-Lieu le plus rapproché.

Les canonnières et péniches protégeront les pêcheurs, caboteurs et autres bâtimens français ou alliés ; tout ce qui fera voile d'un port de France à l'autre, sera tenu de naviguer en dedans de leur croisière. Elles visiteront et attaqueront, sur leur route, les vaisseaux étrangers et suspects, et purgeront la côte française de toute embarcation ennemie, rencontrée à moins de deux lieues de notre territoire.

Le mouvement régulier n'aura lieu que dans les cinq premières Divisions ; (on traitera séparément de la sixième).

Afin que la marche des canonnières soit connue dans tous les cas, et déterminée, d'avance, invariablement, il est convenu que la direction sera suivie de l'Océan vers la Manche, par tous les vents, depuis et compris le Sud-Est, jusques au Nord-Ouest, exclusivement ; et, dans le sens contraire, ou de la Manche vers l'Océan, par tous vents, depuis et compris le Nord-Ouest jusques au Sud-Est, exclusivement.

Le mouvement s'exécuterait donc, par les vents dominans, de *la Rochelle* à *Brest* ; --- de *Brest* à *Cherbourg* ; --- de *Cherbourg* au *Hâvre* ; du *Hâvre* à *Boulogne*, et de *Boulogne* à *Flessingue* ; *et vice versâ*, par les vents de l'autre partie, comme l'indique la figure ci-jointe :

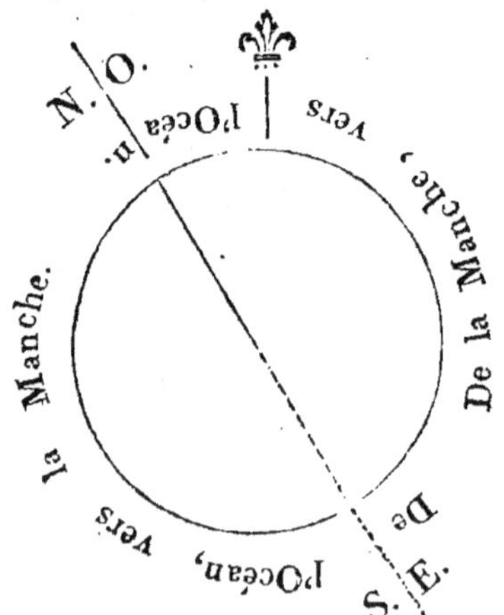

Les Stations seront numérotées dans chaque Division, à partir du Chef-Lieu. *V. pl. fig.* 2. Dans la Division de *Brest*, (5.me) la Station de *Camaret*, étant la plus voisine du Chef-Lieu, aura n.º 1. --- *Audierne*, n.º 2. --- *Lorient*, n.º 3, etc.

On a rapproché les Stations près de *Brest*, parce que l'ennemi entretenant sur ce point des forces considérables, il est nécessaire de multiplier les notres, de ne leur donner qu'un court trajet, et de les mettre le plus à portée possible de s'entre-protéger et de trouver des points d'appui.

Le mouvement s'effectuant de *la Rochelle* à *Brest*, par exemple, (5.me Division, Océan Septentrional), la Station n.º 1, de cette Division, (*Camaret*), la plus raprochée du point de destination, (*Brest*), ayant fourni deux chaloupes et deux péniches arrivées à *Brest*, le jour même, a reçu en remplacement, celles venues en pareil nombre, de la Station, n.º 2, (*Audierne*); et de même successivement en remontant au Chef-Lieu de gauche, (*la Rochelle*), d'où partent, chaque jour, deux canonnières et deux péniches, en remplacement de celles qui font voile de la dernière Station, (*les Sables.*)

Par ce moyen, le Chef-Lieu, tête de mouvement, réparant le vide des Stations intermédiaires, il se trouve, chaque jour, à-la-fois, dans chaque Station, six canonnières et six péniches, total, douze bâtimens armés, dont quatre vont en mer, et huit sont à l'ancre, prêts à faire voile au premier signal ; en sorte que les chaloupes et péniches de service, naviguant de concert, au nombre de quatre, recevraient en deux ou trois heures de tems, de la Station au vent à elles, et de droite et de gauche, en certains cas, un renfort, qui, portant leur nombre à douze ou vingt bâtimens armés, les mettrait en état de résister aux Stations ennemies, du moins celles de force ordinaire, en échelons sur nos côtes, et de prendre un avantage décisif sur les vaisseaux de guerre isolés, en petit nombre, ou en calme. Toutefois, les occupant et les combattant, elles donneraient aux caboteurs, pêcheurs et bâtimens quelconques, amis du territoire français, le tems et la facilité d'y aborder et d'y trouver protection.

Quoique le Chef-Lieu de Division ait un nombre de soldats de marine, de canonnières et de péniches suffisant pour fournir pendant près d'un mois au remplacement journalier d'une Station à l'autre, lorsqu'il se sera écoulé dix jours après l'arrivée des premières chaloupes au Chef-Lieu de destination, l'on profitera du premier changement de vent qui permettra de revenir au Chef-Lieu de départ ; c'est-à-dire que les vents passant, on suppose, au Nord-Ouest ou au Nord, ou à quelque autre point de la partie assignée au mouvement de la Manche vers l'Océan, tous les bâtimens ar-

més partis de *la Rochelle* ou des Stations intermédiaires , et rendus à *Brest*, en feraient voile
à-la-fois, et, suivant les circonstances, cinglant
à vue ou plus près des côtes, dans cette partie,
ou naviguant au large, en ligne directe, vers le
point de destination , reviendraient à la *Rochelle*,
où ils pourraient être de retour en 24 ou 48 heures.

Ce retour aurait lieu sans que les vents eussent
varié, lorsqu'ils permettraient d'aller et de venir,
comme s'ils étaient à l'Ouest dans cette même
Division ; dans ce cas, s'il s'était écoulé dix jours
depuis le mouvement commencé, tous les bâtimens armés, qui , depuis ce laps de tems, seraient
entrés à *Brest*, en partiraient pour revenir au
Chef-Lieu de départ, d'où le mouvement conti-
nuerait dans le même sens, jusqu'à variation des
vents dans la partie qui détermine une marche
contraire.

Cette variation ayant lieu, *Brest*, qui aurait
précédemment suivi le mouvement vers la Manche,
et reçu sa rentrée de *Cherbourg*, (cette rentrée
pourrait s'effectuer par tous les vents, excepté
ceux de Sud-Ouest), fournirait maintenant vers
la Rochelle, en faisant partir chaque jour deux
canonnières et deux péniches, en remplacement
de pareil nombre de ces bâtimens qui feraient
voile de la Station voisine, n.º 1, (5.me Division,
Camaret), et de chacune des autres, en allant
vers le point de destination, (*la Rochelle*), où

elles tendraient toutes, jusqu'à ce qu'après dix jours écoulés, on mît à profit le premier changement de vent qui permettrait le retour au point de départ; et de même pour les autres Divisions.

De cette manière, tout étant prévu, non-seulement le service ne souffrira point d'interruption, quels que soient les vents, mais leur variation devenant avantageuse, ramènera dans les Chef-Lieux les canonnières et péniches qui en seront parties. Elles reviendront hardiment en masse, par la grande mer, en suivant la corde de l'arc dans les Divisions de la Manche Orientale et Occidentale. *V. pl. fig.* 3 et *fig.* 5.

Il en résultera que les vaisseaux anglais, marchands et autres, soit qu'ils entrent dans la Manche, soit qu'ils en sortent, affalés sur nos côtes par les coups de vent de Nord, de Nord-Ouest et d'Ouest, ou forcés à dériver dans les bassins qu'elles forment, seront inévitablement rencontrés par nos flotilles, et par suite, capturés ou détruits.

De plus, lorsqu'une flotille fera voile de *Brest* ou du *Hávre* pour *Cherbourg;* de *Cherbourg* vers le *Hávre* ou vers *Brest;* de *Brest* pour *la Rochelle, et vice versá;* et que l'on aura connaissance que l'ennemi croise dans les bassins du *Hávre* ou de *St.-Malo;* le télégraphe donnant à tous les bâtimens armés, au mouillage dans les Stations à portée, le signal d'appareiller à-la-fois et d'attaquer successivement en front et en flanc l'escadrille ennemie, celle-ci se trouvera nécessairement affaiblie et en partie désemparée, lorsqu'une nouvelle Division de cinquante à soixante canonnières et péniches, donnant en masse sur ses derrières, et la plaçant entre deux feux ou l'enveloppant, déjà maltraitée, rendra sa défaite et sa prise inévitables, fût-elle soutenue par des frégates. *V. pl. fig. 5.*

Parmi les articles du Journal Officiel qui prouveraient les fréquens avantages que nos canonnières, en très-petit nombre, ont obtenus sur plusieurs vaisseaux de guerre réunis, il suffira de citer le suivant, pris au hasard, à la date récente de septembre 1808.

Extrait du Moniteur, --- septembre 1808.

« Le 18 de ce mois, deux fortes corvettes anglaises ayant
» apperçu quatre canonnières françaises qui se rendaient de
» *Saint-Malo* à *Granville*, voulurent s'opposer à ce qu'elles
» effectuassent la traversée ; un combat s'engagea entre les
» deux corvettes et les quatre canonnières : le feu fut très-
» vif de part et d'autre ; mais, après un combat d'environ
» deux heures, l'ennemi abandonna le champ de bataille.

« Il eût infailliblement été pris par les Français, s'il
» n'avait pas été favorisé par une brise qui le mit dans le
» cas d'éviter les coups qui lui étaient portés. Les Français
» ont eu un homme tué et trois blessés. »

SERVICE *particulier des péniches.*

Les péniches ne perdront jamais de vue les chaloupes dans la course ordinaire ; elles se tiendront, l'une en avant de la canonnière de tête, la seconde entre les chaloupes et la terre, formant chaînon de communication et répétant les signaux des canonnières aux télégraphes, et de ceux - ci aux canonnières. Elles feront naviguer en ordre tous les bâtimens à portée de la côte, et, suivant les circonstances, allant à la découverte, signalant l'ennemi, poursuivant ses embarcations près des rochers et des bas - fonds où les chaloupes ne pourraient aussi facilement s'engager, elles aideront celles-ci dans les combats qu'elles auront à soutenir, remplaçant avec leurs hommes, ceux que les canonnières auraient perdus ; chassant et prenant à l'abordage toute voile ennemie de force inférieure, et, dans l'occasion, servant *d'Aviso,* pour venir en hâte rendre compte des événemens survenus, elles demanderont et dirigeront les renforts nécessaires, etc., etc.

> . . . . . *Avi similis, quæ circùm littora, circùm*
> *Piscosos scopulos, humilis volat æquora juxtà.*
>
> Virg. Æneid. lib. IV.

La course finie, et les bâtimens rentrés au Chef-Lieu, les soldats revenus de la mer prendraient leur tour de service après les derniers à marcher parmi ceux qui étaient restés au mouillage. Pendant leur résidence dans le port , ils seraient dressés au service du canon , au maniement des armes et aux manœuvres des troupes de terre. On les exercerait à l'abordage , la hache à la main. Cet exercice aurait lieu en leur présentant successivement des vaisseaux de diverse construction, parmi ceux au-dessous de frégate , et l'on enseignerait au soldat la manière la plus avantageuse, la plus adroite et la plus prompte de monter à bord, sans négliger sa défense personnelle.

MARCHE *à suivre pendant les vents variables.*

On objectera peut-être à la marche proposée pour les canonnières et les péniches , la fréquente irrégularité des vents dans un même jour, à cer‑ taines époques de l'année ; quoique l'on reconnaisse qu'en d'autres tems ils soufflent constamment du même côté pendant des saisons entières. Cette objection sera facilement levée.

Les canonnières d'une Station, une fois à la voile, devant suivre la direction voulue, continueront à faire route vers le point indiqué , quelque variation qui survienne dans les vents, à moins que, soufflant debout, il y ait impossibilité de gagner à tems le but proposé.

Surprises en mer par cette variation dans les vents, la route qu'elles auraient à tenir , dépendrait aussi de la distance à laquelle elles se trouveraient alors du point de départ et de celui de

destination , comme de l'heure à laquelle cette
variation serait survenue.

S'il arrivait qu'elles fussent placées de manière
qu'elles ne pussent, avant la fin du jour, gagner
ni l'un ni l'autre port , elles viendraient au
mouillage, pour la nuit, près la plus prochaine
batterie ; la côte offrant cette ressource presque
de deux en deux lieues , et, dans certains en-
droits, beaucoup plus fréquemment.

Au jour, elles se rendraient au port de destination première, et, si le vent refusait absolument, (ce qui ne pourrait être sans indiquer la
marche en sens contraire), elles reviendraient au
point de départ.

Comme on pourra toujours aller dans une des
deux Stations entre lesquelles on se trouvera placé,
le mouvement sera sans interruption d'un Chef-
Lieu à l'autre, le vent qui refuserait dans un sens,
favorisant nécessairement en sens opposé.

Le télégraphe indiquerait alors le changement
de direction, et si la brume suspendait son jeu,
le vent soufflant à l'heure où les canonnières met-
traient à la voile, indiquerait seul la direction
qu'elles auraient à prendre , conformément au
tableau qui trace leur marche, à tout événement.

Il n'importe nullement que les canonnières
aillent à droite plutôt qu'à gauche, mais bien
qu'elles puissent couvrir et protéger les convois

et

et bâtimens seuls, naviguant près des côtes. Or, quand elles ne pourront aller dans un sens, la force majeure, en obstacle, existant pour tout vaisseau quelconque, l'inconvénient sera nul, et le même service rendu en direction contraire.

Reste la chance du calme ; elle est sans danger : si l'ennemi est en vue, le même obstacle l'arrête ; (généralement parlant, parce que, dans le même horison, et à distance très-rapprochée, un vaisseau peut être en calme, un autre avoir du vent ; celui-ci voguer avec le vent de Nord, celui-là cingler avec toute autre brise) ; mais, dans ce cas, les canonnières peuvent être favorisées comme l'ennemi. De plus, elles ont l'avantage certain de marcher au moindre vent ; elles pourraient, au besoin, faire usage de la rame ; enfin, placées entre l'ennemi et la terre, elles ont toujours, au cas de danger, de l'avance pour gagner le port, ou l'abri d'une batterie dont l'ennemi n'oserait approcher. Toutes les péniches d'une escadrille anglaise ne pourraient débusquer de ce poste une seule canonnière et sa péniche, (moitié des bâtimens armés censés naviguer toujours de concert).

Les péniches anglaises ne sont que des canots que l'on hisse à bord ou qu'on met en mer à volonté ; elles sont, par conséquent, beaucoup plus petites que les nôtres. Supposé que dix de ces péniches eussent ensemble 250 hommes, outre la presque certitude d'être coulées en ap-

prochant témérairement, elles auraient à combattre, d'abord près de cent hommes, soldats ou
marins composant les équipages de ces deux bâtimens; ceux-ci bastingués, les autres à découvert;
plus, ce qui se réunirait en un clin d'œil, de
canonniers gardes-côtes, d'artilleurs, de vétérans,
de troupes éventuellement à portée, de gendarmes,
de préposés des douanes, et d'hommes de bonne
volonté, dont le desir secret serait peut-être que
l'ennemi osât tenter un débarquement, afin qu'ils
eussent l'occasion de déployer leur zèle, en con-
tribuant à le chasser ou à lui faire mettre bas
les armes. C'est ce que mille exemples ont prouvé
depuis le commencement de la guerre, et que
nous sommes en droit d'affirmer pour avoir vu
(par nous-mêmes), l'état des choses sur les côtes.

L'on dira que, dans certains cas, les mêmes
hommes pourraient être long-tems en course,
avant d'être de retour au Chef-Lieu; mais, dans
cette course même, ils ont deux jours de repos sur
trois, puisqu'en arrivant au mouillage dans une
Station, ils y trouvent huit bâtimens armés, dont
quatre doivent faire voile le lendemain, les quatre
autres, le surlendemain, avant que ce soit leur
tour d'appareiller.

La course durera difficilement plus d'un mois
pour les mêmes hommes; elle ne peut durer
davantage en supposant la marche régulière et les
vents constans dans la partie où ils permettraient

d'aller et de revenir. Dans le cas contraire, il y a repos pour les hommes rendus au point de destination, jusqu'à ce que les vents favorisent leur retour au Chef-Lieu de départ, après le nombre de jours prescrit pour qu'il ait lieu.

La course sera finie lorsque les canonnières parties d'un Chef-Lieu ou des Stations intermédiaires, seront de retour au même Chef-Lieu, ayant passé par le point de destination, soit que les vents ayent varié ou non ; et, sans y avoir touché, si leur variation a exigé le mouvement contraire qui les a ramenées au point d'où elles étaient parties.

MANIÉRE *dont les bâtimens armés exécuteront les mouvemens dans la sixième Division.*

Le service de la sixième Division (Océan Méridional), est principalement destiné à protéger l'entrée et la sortie de la rivière de *Bordeaux*, et à l'escorte des vaisseaux de *la Rochelle* et de *la Gironde* vers *Bayonne*, et de *Bayonne* vers la *Gironde*; il se fera comme suit :

Les vents supposés dans la partie qui détermine la direction de l'Océan dans la Manche, deux canonnières et deux péniches feront voile ensemble, de *Royan*, tous les deux jours, pour se rendre, dans les vingt-quatre heures, à *la Rochelle*, d'où elles devront retourner au point de départ, le second jour de leur course ; ce retour pouvant se faire avec la plupart des vents qui auraient décidé le mouvement du Midi vers le Nord, excepté les vents de Sud, qui soufflent rarement et sont de courte durée.

Lorsque le mouvement aura lieu du Nord au Sud, dans l'Océan, *la Rochelle* enverra, chaque jour, deux canonnières et deux péniches à *Royan*, d'où, sitôt que le vent le permettra, elles reviendront au Chef-Lieu, sans attendre le nombre de jours prescrit pour les autres Divisions, etc.

Ainsi, quoique le vent, dans la partie de l'Est, désignât le mouvement du Nord au Sud, le retour étant facile de *la Gironde* à *la Rochelle*, offrirait tous les deux jours l'occasion d'une escorte vers le Nord, tandis que la Station de *Royan* serait chargée des convois allant au Midi.

Les canonnières et péniches faisant le service dans cette partie des côtes, seront en mer deux jours de suite, et le repos pour les équipages rentrés à *Royan*, serait de trois jours, pendant lesquels les douze autres bâtimens armés feraient alternativement la même course, et seraient, à leur retour, relevés par les premiers partis ; ainsi de suite, tant que le service ne se ferait point du Nord au Sud dans les 5.me et 6.me Divisions.

Pendant que le mouvement s'exécuterait de la Manche vers l'Océan, *la Rochelle* devant envoyer à *Royan*, les canonnières de cette dernière Station n'auraient, jusqu'à ce que la direction fût changée, d'autre service que de tenir la croisière à l'embouchure de *la Gironde*, depuis la *Tour de Cordouan* jusqu'au rivage opposé ; ce qui s'exécuterait avec quatre bâtimens armés, relevés chaque jour, et les autres continuellement prêts à lever l'ancre au premier signal, conséquemment l'équipage à bord.

Lorsque des vaisseaux, en certain nombre, devraient faire le trajet de *la Gironde* à la *Teste de Buch*, ou à *Bayonne*, favorisés par les vents qui indiqueraient la marche du Nord au Sud, la Station de *Royan* se trouvant déchargée du service de *la Rochelle*, fournirait quatre bâtimens d'escorte jusqu'à *la Teste*, où ils seraient relevés par deux canonnières et deux péniches de cette Station, qui suivraient jusqu'à *Bayonne*; l'une et l'autre escorte devant profiter du premier bon vent pour revenir chacune à sa Station respective.

Les canonnières de *Bayonne* protégeraient en même nombre les convois faisant voile vers *la Teste*, d'où l'escorte nouvelle poursuivrait jusqu'à *Royan*; le retour des bâtimens armés dans leurs Stations devant être effectué dès que possible.

Lorsqu'il n'y aurait point lieu à convoyer, les Stations de *Bayonne* et de *la Teste* borneraient leur service à croiser, la première, en avant de l'embouchure de l'*Adour*; l'autre, dans les parages à sa proximité, mais toujours à vue de terre. Elles fourniraient pour ce service le tiers de leur force, ou chacune quatre bâtimens armés, qui, après avoir tenu la mer deux ou trois jours, reviendraient au mouillage et seraient relevés par le second tiers ; ainsi de suite.

Il est aisé de voir pourquoi l'on a négligé de placer de plus grandes forces dans cette partie, et de faire exécuter, de *la Gironde* à *Bayonne*, le service régulier, proposé pour les autres Divisions de l'Océan et de la Manche. Néanmoins la Station de *la Gironde*, comme protégeant l'un des principaux débouchés du commerce, se trouve, dans le projet, avantagée de quatre bâtimens armés au-dessus du nombre employé dans toute autre Station.

Cette côte des *Landes* se défend par elle-même ; elle n'a que peu de cabotage, peu d'abris, point de population ; elle offre trop décueils ; elle est trop éloignée des ports de l'ennemi pour qu'il soit tenté de s'en approcher, avec le peu d'espoir qu'il aurait d'y trouver quelque avantage, en compensation des dangers qu'il y courrait.

CHAPITRE QUATRIÈME.

OBSERVATIONS *sur la course des canonnières ; conduite qu'elles auront à tenir, soit qu'elles ayent rencontré l'ennemi en force supérieure, soit qu'elles puissent l'attaquer avec apparence de succès. Apperçu des avantages qui résulteraient de l'adoption des mesures proposées.*

LES canonnières et péniches allant d'une Station à une autre, au nombre de quatre seulement, ne quitteront jamais la ligne qui leur sera prescrite ; à deux ou trois lieues en mer, quelque apparence qu'il y eût de s'emparer d'un ou plusieurs bâtimens ennemis qui paraîtraient au large, à distance respectueuse des côtes ; à moins que ce ne fût pour secourir et dégager des vaisseaux français prenant chasse ou exposés à être pris ; le but principal de leur croisière étant d'ouvrir et d'entrenir un libre passage aux bâtimens quelconques, marchands, caboteurs, pêcheurs, etc., naviguant à vue de terre ou d'un port de France à l'autre. Afin que ces derniers ne soient point troublés dans leur marche, il suffira qu'ils suivent la ligne en dedans de celle prescrite pour les forces qui doivent les protéger.

Les Stations comprenant l'ensemble des ports français de la Manche et de l'Océan, les bâtimens du commerce, les caboteurs et autres ne pouvant, la plupart du tems, naviguer que dans la direction suivie par les canonnières, auront, chaque jour, l'occasion d'une escorte qui assurera leur passage et protégera la retraite ou le mouillage, au cas de rencontre par des forces supérieures.

Si ces dernières sont au vent, apperçues de bonne heure à grande distance, elles ne pourront empêcher d'achever la course d'une Station à l'autre, avec l'avance de trois ou quatre lieues.

Si ces forces ennemies se trouvent sous le vent, elles ne peuvent, à volonté, livrer combat; et si elles tentent d'intercepter le passage que les canonnières doivent tenir libre, celles-ci attendront au mouillage, sous la protection de la plus prochaine batterie, que les signaux du télégraphe et la marche ordinaire du service ayent amené le renfort nécessaire pour tenter le combat avec un avantage marqué. Une ardeur impatiente ne doit point, en ce cas, abuser les braves destinés à un service de si grande utilité pour leur pays : la certitude du succès existera, pour eux, d'un moment à l'autre ; les renforts que l'ennemi pourrait recevoir successivement des escadrilles stationnées en échelons sur quelques parties de nos côtes, (nous ne parlons que des escadres légères, composées de frégates, corvettes, bricks de guerre, etc.), ne pouvant lutter contre la masse de force qui serait rassemblée et rendue en vingt-quatre heures en face des anglais, s'ils s'obstinaient à vouloir tenir une Station que cent ou cent cinquante bâtimens armés forceraient sans peine à la première attaque.

Les frégates et autres vaisseaux de guerre anglais, stationnés devant nos ports, isolément ou en petit nombre, chaque jour attaqués par des forces plus redoutables que celles qu'ils auraient combattues la veille, affaiblis dans leurs équipages, épuisés de munitions et saisis de fatigue, pourraient-ils résister à des bâtimens plus nombreux, armés d'un calibre supérieur, à des hommes fréquemment renouvellés, dispos, attaquant à volonté, avec cette assurance de vaincre, qui doit nécessairement entrer dans l'esprit de ceux qui combattent avec des renforts considérables le même ennemi auquel ils ont fait tête, la veille, en moindre force; lorsqu'ils ont la certitude de voir ces renforts augmenter encore le lendemain, si l'ennemi résistait; ainsi de suite, jusqu'à ce que sa fuite ou sa défaite ayent laissé le passage libre? il est aisé de concevoir que les anglais ne s'accommoderaient pas long-tems de ce nouveau régime, dont le premier fruit serait de réduire infiniment leurs croisières, s'il ne les forçait à les supprimer en totalité.

Si l'ennemi se voit contraint de retirer ou de reculer ses escadres légères, et qu'il se borne à la Station de *Brest*, ne sera-ce point avoir acquis un précieux avantage, puisque la navigation depuis ce port jusqu'à *Bayonne*, d'une part, et, d'autre part, jusques en Hollande, est journellement harcelée, suspendue, anéantie par des croiseurs qui se multiplient d'autant plus qu'ils n'éprouvent d'autres obstacles que ceux que présente la côte elle-même, soit par sa nature, soit par les batteries qu'ils ont soin d'éviter? Il est à notre connaissance, qu'au moment où nous écrivons, il y a, depuis l'embouchure de la Loire jusqu'à *Brest*, sur environ 70 lieues de côtes, six ou sept Stations anglaises, savoir : à vue du *Fort Mindin*; --- au *Croisic*; --- à *Piriac*; --- à *Belle-Isle*; --- à *Lorient*; --- à *Concarneau*; --- à *Penmark*.

L'ennemi formant une ligne presque sans interruption, le long de nos rivages, il s'ensuit qu'aucun bâtiment de guerre, aucun aventurier, marchand ou autre français quelconque, ne peut espérer d'entrer, lorsqu'il doit auparavant forcer l'ennemi qui l'attend et l'épie pour s'en saisir.

Au contraire, si les parages de *Brest* sont les seuls infestés par les anglais, chaque jour, (en dépit d'une escadre qu'ils tiendraient à grands frais et sans fruit à la mer), verrait entrer dans nos ports, non-seulement ce qui navigue d'une province à l'autre, mais une foule d'aventuriers, de corsaires, de prises, de bâtimens expédiés des Antilles, des isles de *France* et de *Bourbon*, etc., qui trouveraient l'abord libre sur la presque totalité des mêmes côtes qui n'offrent aujourd'hui que le funeste filet où se prennent successivement toutes nos ressources navales, et le peu de marins et de marchandises que l'inquiétude, la fatigue de l'inactivité, l'espérance ou l'impérieuse nécessité livrent, chaque jour, à des chances condamnées par la raison, lors même que la fortune les a couronnées.

La balance approximative entre les vaisseaux de guerre ennemis et les canonnières françaises, peut être considérée à-peu-près comme suit :

BATIMENS DE GUERRE, AU-DESSOUS de CORVETTES.	ÉGALITÉ APPROXIMATIVE.		TOTAL des BATIMENS armés.
	Canonnières.	Péniches.	
1	1	1	2
2	2	2	4
3	3	3	6
4	4	4	8
Corvettes.			
1	2	2	4
2	4	4	8
3	6	6	12
Frégates.			
1	6	6	12
2	15	15	30
Vaisseau de ligne.			
1	16	16	32

D'après ce tableau, l'on voit que, pour combattre sans infériorité une Station anglaise com-
posée (comme celle que nous avons vue près
l'embouchure de la Loire), d'une frégate , deux
corvettes et un brick , il faudrait vingt-deux bâtimens armés, dont onze canonnières et onze péniches.

Conséquemment la force ordinaire des canonnières , ou batteries mobiles de mer , allant d'une
Station à l'autre , n'étant que de quatre bâtimens ,
ceux-ci venant à rencontrer des forces ennemies
pareilles à celles mentionnées ci-dessus, les nôtres
ayant l'avantage du vent , et séparés par toute la
distance à laquelle on estime en mer la qualité
des vaisseaux, vireraient de bord et reviendraient
au point de départ , s'il était possible , ou , se
rapprochant de terre, ils prendraient successivement et isolément abri sous les batteries parsemées
çà et là sur nos côtes.

Là , ils attendraient le passage régulier du lendemain , plus , le renfort de toute la Station supérieure ; plus , celui de la Station inférieure , si
le vent favorisait ; plus , ce que le Chef - Lieu
(d'après les signaux du télégraphe), donnerait
dans le même espace de tems, si l'on s'en trouvait
à portée , mais , en toute certitude , vingt-quatre
heures après , à quelque éloignement que l'on en
fût , dans l'intervalle de la Division maritime.

Les bâtimens armés , d'après la proximité où
ils se trouveraient des vaisseaux ennemis, se par-

tageraient suivant le nombre proportionnel ci-
dessus désigné ; les signaux indiquant les divers
groupes à former par les canonnières et péniches,
numéros tels et tels, et l'attaque à faire par elles,
le combat serait engagé ; tous les hommes inutiles
à la manœuvre et au service du canon, attendant
sous le pont, armés de toutes pièces, le moment
de l'abordage qui serait tenté, sans marchander,
après avoir fait feu à mitraille, du moment où
l'on se serait trouvé au quart de portée de canon.

Les canonnières et péniches destinées à l'abordage d'un seul vaisseau, le cap sur l'ennemi, se
diviseraient en l'approchant ; elles l'auraient exclusivement en vue, et le cerneraient de manière à
l'occuper sur tous les points ; à le placer sous le
feu d'enfilade, le dégréer, l'embarrasser, jeter
le désordre et l'indécision dans sa manœuvre ;
désordre qui serait porté à son comble, lorsque,
dans le moment même de l'abordage, le pont
s'ouvrant pour la sortie des soldats, leur attaque
serait précédée d'une explosion d'artifice dont
l'effet exclusivement dirigé contre la foule amon-
celée sur les gaillards des vaisseaux ennemis, ren-
verserait le grand nombre et rendrait la victoire
aisée par l'épouvante et la confusion où seraient
jetés tous ceux que le fer n'aurait pas atteints.

Les soldats, en abordant l'ennemi, auront soin
d'arborer une marque distinctive pour se reconnaître dans la mêlée. Une fois sur le pont, au lieu

de se disséminer sans ordre et de s'exposer à perdre le fruit d'un premier succès , ils seront prévenus de se porter aussi-tôt vers l'arrière du bâtiment où se trouvent le capitaine, l'officier de quart, l'état-major, les pilotes, le gouvernail , le pavillon, tout ce qui constitue la force motrice d'un vaisseau : les avantages que l'on aurait au centre et sur les gaillards d'avant, seraient nuls, à moins qu'ils ne fussent secondés par la principale attaque faite sur l'arrière ; celle-ci sera toujours décisive.

APPERÇU *des avantages qui résulteraient de l'adoption des mesures proposées.*

Dès qu'il y a possibilité d'exécution dans un projet quelconque , après l'avoir envisagé dans tous ses développemens et sous les divers points de vue qu'il présente, il ne reste plus, en tenant la balance , qu'à peser l'avantage et les inconvéniens. Il est surtout nécessaire qu'il assure un degré d'utilité proportionné aux frais qu'il entraîne et à l'emploi d'une partie de la force publique dans la nouvelle direction qu'il tend à lui faire prendre.

La force dont nous proposons de faire usage, se compose d'hommes et de vaisseaux ; ces vaisseaux sont prêts ; ils ont été construits dans la vue de nuire à l'ennemi, contre lequel ils seront employés. Ces hommes, dans le genre de service auquel on les destine, sont indispensables à la France, pour peu qu'elle prétende relever sa marine dans les proportions et d'après un mode convenables.

Ce sont les bases premières du projet en question ; nous pouvons, en le développant, avoir erré dans quelques points, comme il se peut que nous ayons omis quelques-uns des motifs qui militeraient en sa faveur.

Il suffit d'avoir appelé sur un objet de cette importance l'attention des hommes dont le savoir, l'expérience et la sagacité dirigent le jugement, éclairent les recherches, garantissent les décisions.

Nous nous bornerons à présenter le plus brièvement possible, les avantages suivans, parmi ceux qui doivent naître de l'exécution des mesures proposées :

1.º Extension et amélioration de la défense des côtes, par l'emploi des batteries mobiles de mer.

2.º Expulsion des vaisseaux de guerre anglais formant aujourd'hui le blocus de la presque totalité des ports de France.

3.º Moyens d'exercer à la mer un corps nombreux, indispensable au service des escadres impériales

4.º Facilité d'arrivage pour l'approvisionnement des ports de construction et d'armemens.

5.º Protection des bateaux pêcheurs ; formation d'apprentis matelots ; moyens d'existence pour des milliers de familles.

6.º Sécurité du cabotage, exercé comme en paix, dans toute l'étendue de ses ressources, tant pour le service et les demandes du Gouvernement, que pour les besoins et l'activité du commerce.

7.º Reprise de l'offensive contre les vaisseaux de guerre anglais, témérairement avancés dans les bassins du *Hâvre* et de *Saint-Malo*, et contre les convois dispersés dans la *Manche* par les coups de vent de Nord et de Nord-Ouest. *V. pl. fig.* 5.

8.º Mise à profit des calmes pour la destruction des vaisseaux ennemis en station près de nos rivages.

9.º Expédition, sans retard, de tous les bâti-mens de guerre que le Gouvernement aurait l'intention d'envoyer aux Colonies ou ailleurs.

10.º Cessation des dangers qui existent aujour-d'hui pour la sortie et la rentrée des bâtimens de guerre, des aventuriers, des corsaires, de leurs prises, etc.

11.º Secours portés à une multitude de familles de marins qui languissent, plongées dans le dé-sœuvrément et la détresse.

12.º Argent versé dans cette classe de négocians ou marchands qui fournissait les vaisseaux en tout

ce

ce qui concerne le gréement, mâture, cordages, et objets quelconques nécessaires à la navigation.

13.° Débouché ouvert aux propiétaires des départemens maritimes, par la consommation d'une grande quantité de vins, de vivres et d'approvisionnemens de tout genre ; débouché si considérable autrefois, qu'il a fortement influé sur la culture, l'industrie et l'activité de ces mêmes départemens, où sa privation est d'autant plus vivement sentie, que leur situation géographique ne présente aucun équivalent.

14.° Impossibilité d'exercer la contrebande et de faire des débarquemens clandestins.

15.° Diminution dans les frais dont le service des douanes est chargé pour la surveillance des côtes.

16.° Nouveaux moyens de favoriser et d'appuyer, par une puissante diversion, la descente que l'on aurait effectuée des côtes de *Boulogne*.

En effet, les flotilles du *Hâvre*, de *Cherbourg*, de *Brest*, et les canonnières stationnées dans les Divisions de la Manche, formant ensemble quatre cents bâtimens armés, joignant à leur garnison ordinaire seulement pareil nombre de soldats de ligne tirés des divisions militaires ou des armées à portée, embarqueraient facilement, sans l'aide d'aucun vaisseau transport, trente mille hommes,

que le vent le plus constant dans ces parages, le
vent de Sud-Ouest conduirait en un jour, d'abord
de *Brest* et du *Hâvre* à *Cherbourg*, point central,
d'où les flotilles réunies cingleraient vers la côte
d'Angleterre, en portant directement sur la baye
de *Poole*, point le plus rapproché, que l'on at-
teindrait en vingt-quatre heures. *V. pl. fig.* 4.

Ne voit-on pas tous les jours de malheureux
prisonniers venus d'Angleterre, ayant fait, à-peu-
près dans le même espace de tems, un plus long
trajet sur de mauvais bateaux ou canots pris au
hasard, dépourvus des agrès nécessaires, et sans
autres provisions qu'un peu d'eau-de-vie?

Rien n'est impossible aux soldats français : si
l'on disait que la terre est leur élément, et qu'en
pleine mer, jouets des vagues sur de frêles embarcations, ils ne seraient plus les mêmes; nous
affirmerions le contraire pour les avoir vus, pour
avoir jugé leur courage en situation pire encore,
embarqués sur des canots, en nombre forcé,
livrés pendant quarante-huit heures à toute la
furie des vents d'Equinoxe, lors de la descente
d'une armée française dans la baye de *Chesapeak*,
(Virginie), en septembre 1781.

Les canonnières embossées au mouillage, sur la
côte d'Angleterre, n'auraient rien à redouter de
l'attaque d'une escadre anglaise; cinq cents pièces
de gros calibre pouvant tirer à la fois, les met-
traient à l'abri de toute insulte.

Ce point de débarquement à la baye de *Poole*, est extrêmement important, si l'on suppose que l'armée de *Boulogne* ait opéré sa descente dans le comté de *Kent*. Cette seconde armée achève le blocus de *Portsmouth* par terre ; elle intercepte les secours d'hommes, et tient en échec les forces qui pourraient être envoyées de *Plymouth*, et de la partie Sud-Ouest de l'Angleterre. Elle divise une armée déjà faible, obligée de se disséminer à l'Est, à l'Ouest, au Midi, au centre, etc. , tandis que ces deux coups portés à la fois sur deux points séparés, jettent dans l'ame des habitans une terreur salutaire, en ce qu'elle peut épargner le sang et les calamités de la guerre.

Dans les événemens que l'avenir doit faire naître, s'il en est un qui, dans un tems plus ou moins rapproché, puisse être considéré comme certain, comme également pressenti par ceux qui doivent l'opérer et par la Nation dont les destinées sont de le souffrir, c'est le débarquement d'une armée française en Angleterre. S'il existe une cause intime, un agent secret de cette haîne active, invétérée, inextinguible, que la politique sut fomenter afin d'établir, en quelque sorte, le contre-poids de cette masse imposante qui gravite vers la Grande-Bretagne qu'elle écrasera par son choc ; cette cause intime, cet agent secret, ce pressentiment qui, sans aucun doute, accroît l'énergie des anglais, c'est le pressentiment inné de la ruine de leur pays et de sa conquête par la France, à quelque date que l'imagination se plaise à les reculer.

On l'a dit depuis long-tems; c'est à *Londres* que les Français trouveront la paix; ..... avec garantie cette fois. Trompés dans la confiance que dictait l'honneur, ce sentiment les dédommage; ils ont dans le passé la leçon de l'avenir.

Pour assurer cette garantie indispensable, on ne doit compter que sur la force; il est évident qu'on ne peut l'espérer par d'autres moyens; il est donc urgent de se mettre en mesure de joindre l'ennemi corps à corps, et de tenter tout ce qui peut conduire à ce premier but, sans lequel la paix maritime si nécessaire et si desirée, s'éloignant en proportion des efforts en sens contraire, amènerait infailliblement la langueur et la ruine du corps politique, en l'attaquant dans les sources de son existence.

Ainsi l'ardente jeunesse poursuit la chimère qui brille à ses yeux sous l'éclat des couleurs, sous des formes séduisantes, et n'arrête sa course égarée, qu'éteinte d'épuisement, immobile de lassitude.

Que la descente soit possible, nul doute : qu'elle soit facile, c'est ce que le préjugé s'efforce de nier, non chez l'ennemi, qui connaît trop bien le fort et le faible de sa situation, mais parmi

le peuple même appelé à l'exécuter. On s'éton-
nera un jour, n'importe à quelle époque, en
apprenant que ce qui fut long-tems considéré
comme impossible, ou d'une extrême difficulté,
ait été consommé, sans coup férir, en quelques
heures, dans l'espace d'une marée!

L'Aigle Française, une fois sur votre rivage,
Albion, ... vous aurez vécu!!!

F I N.

TABLE DES MATIÈRES.

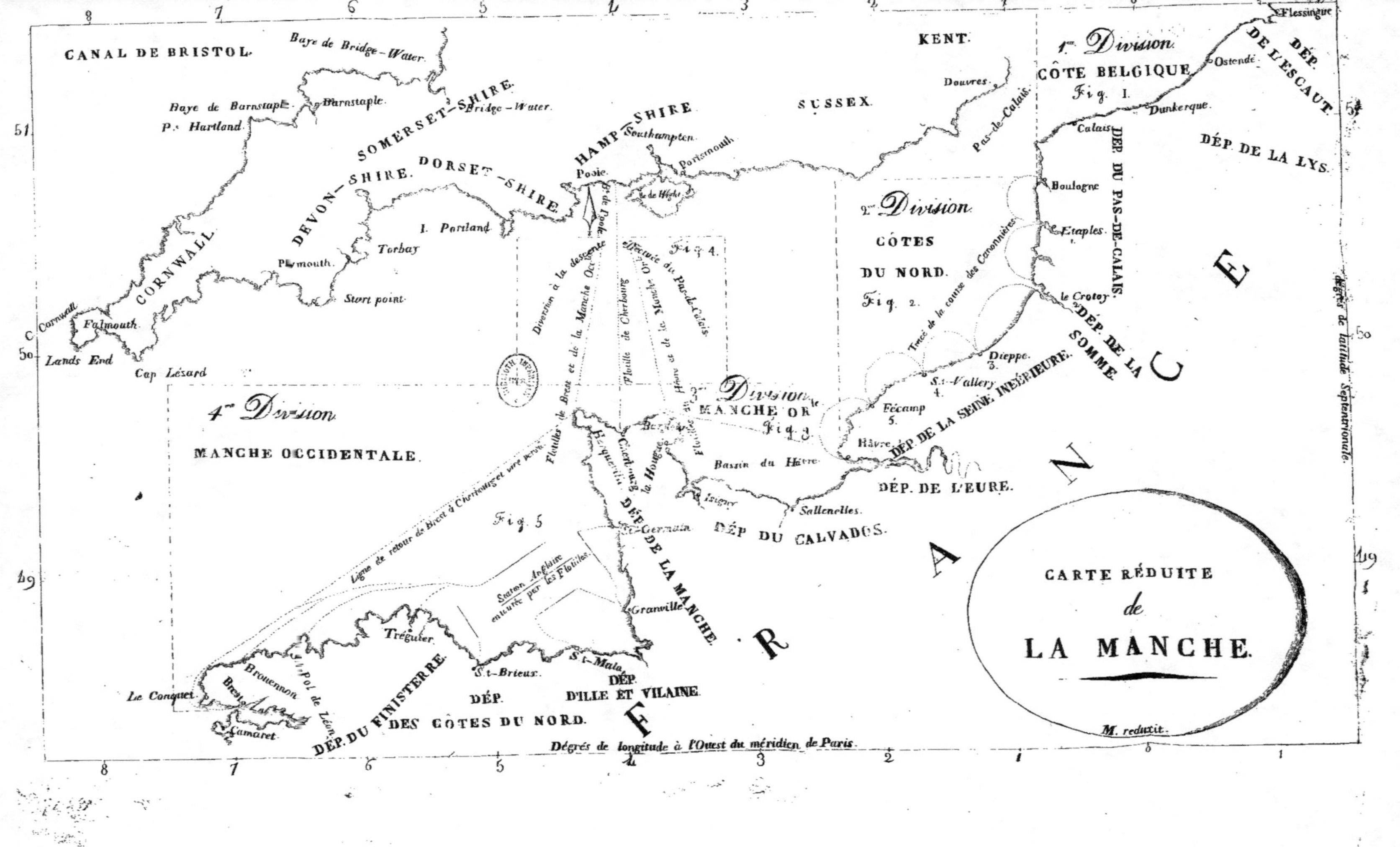

CARTE RÉDUITE
de
LA MANCHE.
M. reduxit.

CANAL DE BRISTOL.
Baye de Bridge-Water.
Baye de Barnstaple.
Barnstaple.
P.t Hartland.
SOMERSET-SHIRE.
Bridge-Water.
DEVON-SHIRE.
DORSET-SHIRE.
HAMP-SHIRE.
Southampton.
Portsmouth.
Posie.
I.e de Wight.
CORNWALL.
Plymouth.
Torbay.
I. Portland.
Stort point.
Cornwall.
Falmouth.
Lands End.
Cap Lésard.
KENT.
SUSSEX.
Douvres.
Pas-de-Calais.
1re Division.
CÔTE BELGIQUE.
Fig. 1.
Flessingue.
Ostende.
DÉP. DE L'ESCAUT.
Dunkerque.
Calais.
DÉP. DE LA LYS.
DÉP. DU PAS-DE-CALAIS.
Boulogne.
Etaples.
le Crotoy.
DÉP. DE LA SOMME.
2.e Division.
CÔTES DU NORD.
Fig. 2.
Tracé de la course des Canonnières.
Dieppe.
3.
S.t Vallery.
4.
Fécamp.
5.
DÉP. DE LA SEINE INFÉRIEURE.
Hâvre.
DÉP. DE L'EURE.
Bassin du Hâvre.
Sallenelles.
Isigny.
DÉP. DU CALVADOS.
3.e Division.
MANCHE ORle
Fig. 3.
Diversion à la descente.
Descente du Pas-de-Calais.
Flottille de Cherbourg.
Hâvre et de la Manche Orle
Fig. 4.
Flotille de Brest et de la Manche Occle
Cherbourg.
la Hougue.
Barfleur.
Barqueville.
S.t Germain.
4.e Division.
MANCHE OCCIDENTALE.
Fig. 5.
Ligne de retour de Brest à Cherbourg et vice versa.
Station Anglaise enlevée par les Flotilles.
DÉP. DE LA MANCHE.
Granville.
Trécuier.
S.t Brieux.
S.t Malo.
DÉP. D'ILLE ET VILAINE.
DÉP. DES CÔTES DU NORD.
Brouennon.
S.t Pol de Léon.
Brest.
Le Conquet.
Camaret.
DÉP. DU FINISTERRE.
F R A N C E
Dégrés de longitude à l'Ouest du méridien de Paris.
Dégrés de latitude Septentrionale.

TABLE DES MATIÈRES.

CHAPITRE QUATRIÈME.

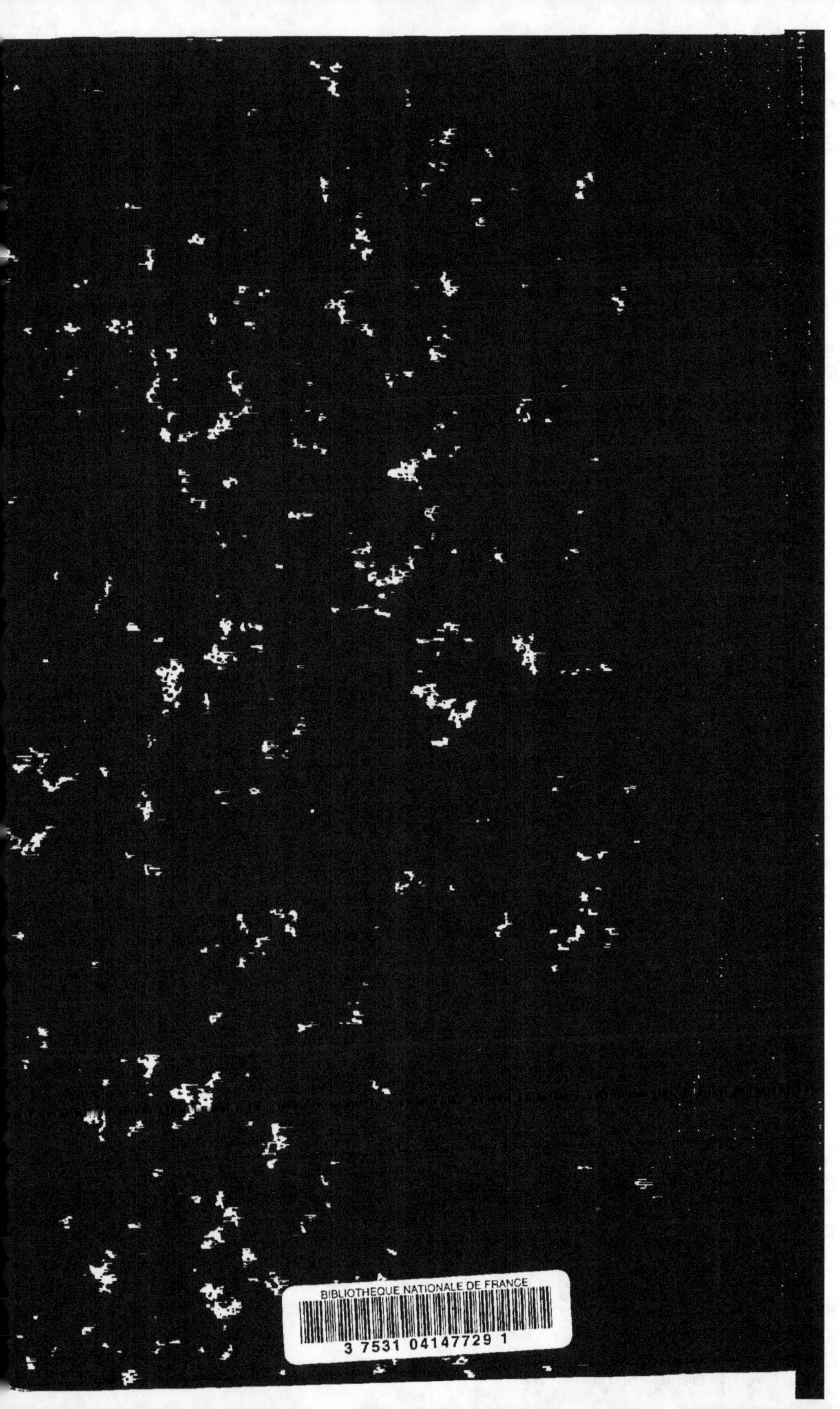